miEnfoque
LIBRO DE LECTURA

NIVEL

Pearson Education, Inc. 330 Hudson Street, New York, NY 10013
© Pearson Education, Inc. or its affiliates. All Rights Reserved. Printed in the United States of America.

ISBN-13: 978-0-134-90788-8
ISBN-10: 0-134-90788-4

4   19

Glenview, Illinois   Boston, Massachusetts
Chandler, Arizona   Nueva York, Nueva York

Contenido

Estás aquí

Pregunta esencial

¿Cómo nos afectan los lugares distintos?

PEARSON realize™

Puedes hallar todas las lecciones EN LÍNEA

miEnfoque LIBRO DE LECTURA

Leer e interactuar con el texto

Desarrollar la comprensión y la fonética. Enfocarse en el uso de las claves del contexto para leer las palabras del vocabulario académico y hacer conexiones.

Los colores de Pilsen

Pregunta de la semana ¿Qué podemos entender sobre un lugar cuando lo miramos atentamente?

Comprensión Usar la evidencia del texto

Fonética Las palabras con sílabas abiertas

Marcar la diferencia, una bolsa a la vez

Pregunta de la semana ¿Qué pueden hacer las personas para mejorar su vecindario?

Comprensión Hacer y responder preguntas

Fonética Las palabras con sílabas cerradas

Un buen lugar para las mascotas

Pregunta de la semana ¿Cómo ayuda a las personas vivir en comunidad?

Comprensión Identificar la idea principal

Fonética Las palabras con *c, q, k*

Una carrera larga y helada

Pregunta de la semana ¿Cómo nos hacen sentir los lugares distintos?

Comprensión Explicar patrones y estructuras

Fonética Las palabras con *j, g, x*

Un nuevo lugar para nosotros

Pregunta de la semana ¿De qué manera un nuevo lugar puede ayudarnos a cambiar y crecer?

Comprensión Describir y entender los elementos del argumento

Fonética Las palabras con *ga, go, gu, gue, gui*

Los colores de Pilsen

Comprensión

Usar la evidencia del texto

Busca claves en el texto sobre la relación entre Pilsen y México.

Pilsen es un vecindario de Chicago. La gente de aquí proviene de distintas partes del mundo. Muchas familias llegaron a Pilsen de México. Venían a buscar trabajo y a ayudar a su familia. Los inmigrantes trajeron su música y su comida. Trajeron sus tradiciones. Pero hicieron algo más: convirtieron a Pilsen en una obra de arte.

Ahora, Pilsen es una comunidad mexicanoamericana muy grande. En casi todas sus calles hay un mural colorido. Un mural es una enorme pintura realizada sobre un muro. Los murales de Pilsen están en las escuelas y en las iglesias. Están en los puentes y en los parques. Incluso se los ve en edificios y las fachadas de las casas. ¡Están por donde quiera que mires!

Fonética

Las palabras con sílabas abiertas

Chicago, trabajo, colorido, quiera

Sí, se puede

Cada mural de Pilsen es diferente. Pero todos muestran ideas que afectan a los habitantes del lugar. Algunos muestran escenas de la historia mexicana y retratos de sus héroes. En otros se ve la importancia de trabajar mucho y ayudar a los demás. En un mural colorido hay una familia cocinando. En otro hay trabajadores y trabajadoras. Algunos murales representan viejos cuentos mexicanos. Todos estos murales demuestran que la cultura mexicanoamericana está viva en Pilsen.

Acceso al texto

Usar la evidencia del texto ¿Qué crees que verías si visitaras Pilsen? Busca claves en el texto que te ayuden a responder. Proporciona todos los detalles que encuentres.

Palabras de significados similares La palabra *afectar* tiene más de un significado. Puede significar 'tener poder' sobre algo o alguien. Pero también significa 'despertar sentimientos o emociones' en una persona. ¿Qué significado te parece más adecuado en este párrafo?

Marcar la diferencia, una bolsa a la vez

Comprensión

Hacer y responder preguntas

Hazte preguntas sobre Annie, y luego busca detalles que te ayuden a responderlas.

Annie estaba triste. Su mamá le había contado algo. Algunos niños tienen que abandonar su hogar en momentos difíciles. Muchas veces se van a un lugar desconocido. Al mudarse tienen que dejar todo atrás. Pierden muchas cosas que aman y necesitan.

Entonces Annie decidió hacer algo para ayudarlos. Confeccionó unas bolsas de tela para los niños necesitados. Buscó personas que donaran objetos nuevos. Annie las llenó con todas esas cosas.

Colocó jabón y pasta de dientes. También colocó juguetes, juegos y

Fonética

Las palabras con sílabas cerradas

bolsas, contentos, hogar, pierden

libros. Quería que los niños se pusieran contentos.

Así fue como Annie creó la fundación Care Bags (Bolsas de cariño). Tenía 11 años. Todos los meses, Annie y sus ayudantes preparan 100 bolsas para los niños necesitados. Algunas personas donan cosas para llenarlas. Otros las llenan y las entregan a los niños. ¡A cambio reciben muchas sonrisas!

La fundación Care Bags también ayuda a los niños de otras maneras. Les demuestra que sus actos pueden **afectar** la vida de otros. Les explica cómo iniciar un proyecto de bolsas en la ciudad donde viven. La fundación ha marcado una gran diferencia con cada bolsa.

Acceso al texto

Hacer y responder preguntas Esta selección te cuenta la historia de Annie y su proyecto. ¿Pero qué hay de las personas a las que ayudaba Annie? Haz una lista de preguntas y luego busca detalles para responderlas.

Vocabulario académico La palabra *lugar* significa 'sitio'. ¿Qué otros sinónimos de *lugar* se te ocurren?

Un buen lugar para las mascotas

Fonética
Las palabras con *c*, *q*, *k*
cambio, *quería*, *Kiwi*

Vocabulario académico
comparar verbo que significa 'señalar las semejanzas y las diferencias entre dos cosas'

Al Sr. Casablanca le gustaba vivir solo. Pero cuando envejeció, comenzó a necesitar ayuda con algunas tareas. Por eso se mudó a una residencia de ancianos. Allí siempre habría alguien que lo cuidara.

Cuando llegó a la residencia, el Sr. Casablanca no quería salir mucho de su dormitorio. El cambio lo había afectado mucho. No hablaba con otras personas. Extrañaba su casa.

Sus amigos y familiares estaban preocupados. Pero después alguien tuvo una idea. Quizá fuera bueno llevar mascotas a las residencias de ancianos…

La residencia del Sr. Casablanca decidió probar. Llevó a la perra Kiwi a vivir allí.

Cuando Kiwi llegó a la residencia, el Sr. Casablanca cambió por completo. Le encantó Kiwi. Todos vieron cómo lo había afectado su llegada. Compararon su estado de ánimo anterior y posterior.

El Sr. Casablanca ahora se sentía más feliz.

También ocurrió otra cosa buena: ahora todos los residentes salían más de sus habitaciones. Querían ver a Kiwi. También comenzaron a conocerse mejor. Se hicieron amigos. Comenzaron a actuar como miembros de una comunidad.

Hoy, muchas residencias tienen mascotas. Una de ellas llevó al caniche Max. Una de las señoras que vive allí lo cuida durante gran parte del día.

—Max es una buena compañía —dijo la señora—. Los animales son buenos amigos para tener en las residencias de ancianos.

Comprensión
Identificar la idea principal
La idea principal es el cambio positivo que causó la llegada de Kiwi. Hay detalles que te indican el motivo.

Acceso al texto

Usar la evidencia del texto Relee el tercer párrafo y busca la idea principal. Haz una lista de los detalles que te ayudaron a descubrir la idea principal, o la idea más importante.

Vocabulario académico La palabra *afectar* significa 'causar un efecto, o un cambio, en las acciones o los sentimientos de alguien'. En este artículo, ¿cuál es el cambio que afecta a las personas que viven en las residencias para ancianos? ¿A quiénes afecta? ¿Cómo los afecta?

Una carrera larga y helada

Todos los años, en Alaska, hay una carrera de trineos tirados por perros. La carrera se llama Iditarod. Los perros tiran del trineo. El conductor los cuida. Los perros y los conductores aman su lugar frío y no los verían nunca en un lugar cálido como Texas.

La carrera comienza en la ciudad de Anchorage. Pero a veces no hay suficiente nieve. La nieve se transporta en tren desde regiones más frías. La gente coloca esa nieve en los caminos.

Los perros y sus conductores cruzan las montañas. A veces, el tiempo está cálido y hay poca nieve. Las raíces de los árboles dañan los trineos. Los perros jadean de calor.

Cuando hay tiempo cálido, la carrera comienza en Fairbanks. Allí hace más frío. ¡Los perros se sienten mucho mejor! Corren hacia el oeste, sobre las aguas congeladas del río.

Después, llegan al mar. El mar se congela en invierno. Los conductores y sus perros pasan sobre el hielo marino. Luego, corren rápido a lo largo de la costa. La carrera termina en Nome. ¡El primer equipo que llega es el ganador!

Fonética
Las palabras con *j*, *g*, *x*
jadean

Comprensión
Explicar patrones y estructuras
El autor usó la estructura de causa y efecto para organizar el texto.

Acceso al texto

Supervisar la comprensión Este texto comienza en un lugar y termina en otro. Ambos lugares están en Alaska. ¿En qué ciudad suele comenzar la carrera? ¿En qué ciudad finaliza? ¿Dónde comienza la carrera cuando el problema es el tiempo cálido?

Vocabulario académico La palabra *lugar* significa 'sitio'. ¿Cómo te ayuda esta definición a entender el significado de la palabra *lugareño*?

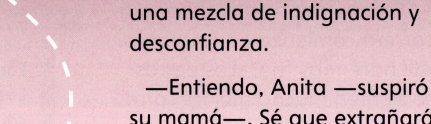

Un nuevo lugar para nosotros

Vocabulario académico

región sustantivo que significa 'lugar' o 'zona'

Comprensión
Hacer y confirmar predicciones

Predice si a Anita le gustará su nueva casa.

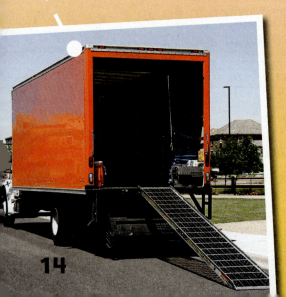

Anita miró a su mamá con una mezcla de indignación y desconfianza.

—Entiendo, Anita —suspiró su mamá—. Sé que extrañarás a tus amigos y sé cuánto amas nuestra casa. Pero mudarse a una nueva región puede ser una gran aventura.

Anita y su mamá comenzaron el largo viaje hasta San Francisco. Anita miró hasta que su casa desapareció en la distancia.

Cuando llegaron a la ciudad, Anita se sintió incómoda. Había edificios gigantescos por todas partes. Vio mucho tráfico, pero no había árboles para trepar.

Cuando llegó al nuevo apartamento, Anita corrió a su cuarto para mirar por la ventana. ¡Pero daba a una pared!

—¡Mamá! —gritó Anita—. ¡California es horrible!

—Trata de no comparar tu cuarto nuevo con el anterior —sugirió su mamá—. ¿Miramos por las otras ventanas?

Mamá le guiñó un ojo y la llevó a mirar. Enfrente había un elegante edificio con amplias escaleras de entrada. Anita leyó el letrero.

—Es una biblioteca —murmuró, con los ojos redondos de entusiasmo.

Fonética
Las palabras con
ga, go, gu, gue, gui
elegante, guiñó, hogar, segura, sigues

—Sí, Anita —dijo su mamá—. A veces, los cambios son una oportunidad para crecer. Y te encanta leer. ¿Sigues enojada?

Anita todavía no estaba segura. Pero ya comenzaba a sentirse mejor en su nuevo hogar.

Acceso al texto
Describir y entender los elementos del argumento El *argumento* es el conjunto de sucesos que ocurren en un cuento. Cada argumento tiene principio, medio y final. ¿Qué ocurre al principio, en el medio y al final de este cuento? Haz una tabla y escribe cada suceso.

Vocabulario académico La palabra *comparar* tiene la raíz latina *compar-*, que significa 'igual' o 'semejante'. ¿Cómo te ayuda este dato a entender el significado de *comparar*?

Las maravillas de la naturaleza

Pregunta esencial

¿Qué patrones notamos en la naturaleza?

PEARSON
realize™
Puedes hallar todas las lecciones EN LÍNEA

miEnfoque LIBRO DE LECTURA

Leer e interactuar con el texto

Desarrollar la comprensión y la fonética. Enfocarse en el uso de las claves del contexto para leer las palabras del vocabulario académico y hacer conexiones.

Caminata por el huerto

Pregunta de la semana ¿Qué patrones podemos notar en un huerto?

Comprensión Identificar la estructura del texto

Fonética Las palabras con *güe*, *güi*

Patrones de la pradera

Pregunta de la semana ¿Qué patrones notamos en la naturaleza?

Comprensión Usar los elementos del texto

Fonética Los plurales con *-s*, *-es*, *-ces*

Las estaciones del árbol

Pregunta de la semana ¿Qué patrones podemos ver en los árboles con el cambio de la estación?

Comprensión Comprender el ambiente y el argumento

Fonética Las palabras con grupos consonánticos con *r*

Dos tortugas

Pregunta de la semana ¿Cómo ayudan los patrones de comportamiento de los animales a mantener a sus crías a salvo?

Comprensión Describir y comprender a los personajes

Fonética Las palabras con grupos consonánticos con *l*

¡Hora de mudarse!

Pregunta de la semana ¿Qué patrones podemos ver en las migraciones de algunos animales?

Comprensión Determinar las ideas clave

Fonética Las palabras con *b*, *v*

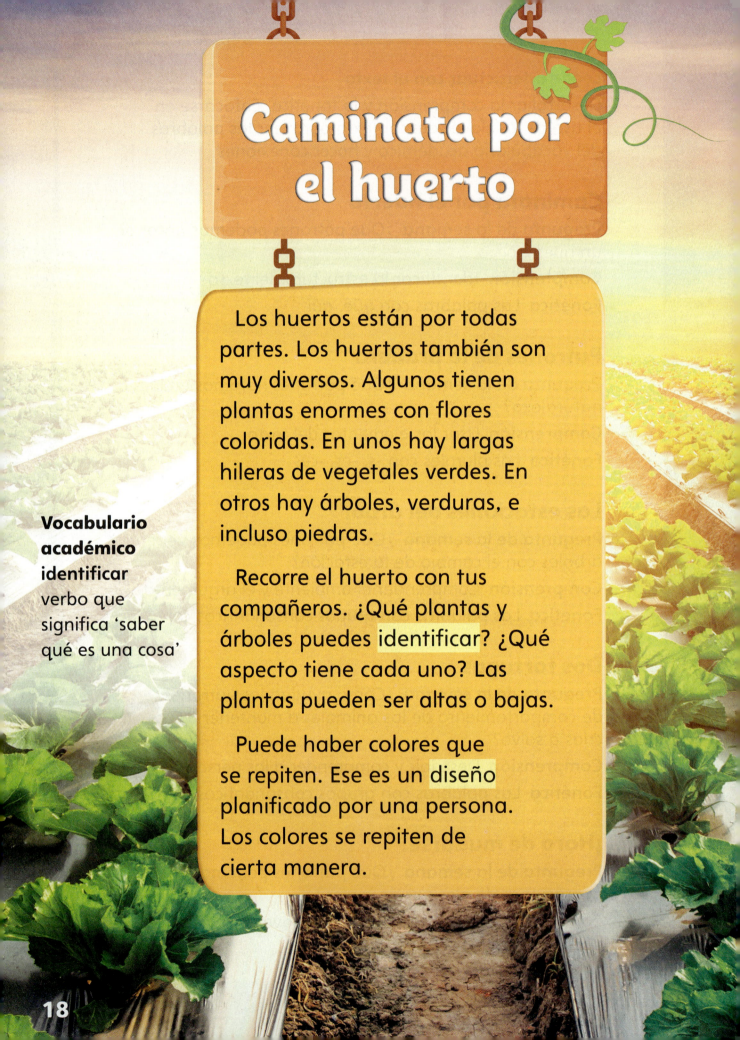

Caminata por el huerto

Los huertos están por todas partes. Los huertos también son muy diversos. Algunos tienen plantas enormes con flores coloridas. En unos hay largas hileras de vegetales verdes. En otros hay árboles, verduras, e incluso piedras.

Recorre el huerto con tus compañeros. ¿Qué plantas y árboles puedes identificar? ¿Qué aspecto tiene cada uno? Las plantas pueden ser altas o bajas.

Puede haber colores que se repiten. Ese es un diseño planificado por una persona. Los colores se repiten de cierta manera.

Vocabulario académico
identificar verbo que significa 'saber qué es una cosa'

No te avergüences si no puedes identificar las plantas enseguida. Mira con atención las partes de cada una. Mira el color y la forma de las hojas. Mira la longitud del tallo.

¿Pensaste alguna vez de dónde salen los vegetales que comes? Las zanahorias, la lechuga y los frijoles son partes de plantas. Necesitan tierra fértil, luz del sol y agüita fresca para crecer.

¡Camina con cuidado por el huerto! Nunca te salgas del sendero. Si lo haces, puedes pisar una planta. Las plantas del huerto necesitan mantenerse sanas para crecer. Y… ¿quién sabe? Tal vez una de estas plantas termine en tu almuerzo de mañana.

Patrones de la pradera

Vocabulario académico
similar adjetivo que se usa para decir que dos cosas son parecidas

Comprensión
Usar los elementos del texto La foto y la leyenda son elementos del texto.

La pradera es un lugar enorme. Tiene pastos altos. Es el hogar de muchos animales, insectos y plantas. La pradera también es genial para jugar. Es similar a un patio de juegos. Hay mucho espacio para correr. ¡Correr por los pastos altos es muy divertido!

No todas las praderas son iguales. Algunas están cerca de la ciudad. Otras están muy lejos. Algunas son calurosas. Otras son bastante frías. En las praderas no llueve mucho. ¡Pero a veces puede nevar!

Estos animales se esconden entre los pastos altos y en hoyos del suelo.

En la pradera puede haber pastos cortos, largos o de ambos tipos. Entre los pastos altos y secos brincan insectos como los saltamontes. Los insectos comen hojas, tallos y flores.

Hay evidencia de distintos animales que viven en la pradera. Mucha gente ha visto coyotes, conejos y perdices. Hay fotos de los animales que salen durante el día. También de los que salen por la noche. Todos buscan alimento, pero nunca se descuidan. ¡No quieren terminar en la panza de otro!

En algunas praderas hay turpiales que vuelan o caminan por el pasto. Buscan semillas e insectos para comer. El plumaje del turpial tiene un patrón amarillo con manchas grises y negras. Si escuchas con atención, tal vez oigas la dulce melodía de su trino.

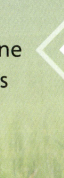

Turpial

Las estaciones del árbol

Fonética

Los grupos consonánticos con *r*

abrir, crujientes, madre, mostró

Joshua llegó corriendo desde el fondo. Trató de abrir la puerta de la cocina. No pudo. Tenía las manos llenas.

—¡Mira, mami! —gritó a través de la mosquitera.

Era el comienzo del otoño. Joshua levantó las manos. Mostró con orgullo dos enormes puñados de hojas.

—¡Qué bonitas, Joshua! —respondió su madre—. ¿Puedes identificarlas? ¿Sabes de qué tipo son?

Joshua extendió las hojas sobre la mesa. Luego, tomó la enciclopedia de árboles.

Las examinó con atención. Algunas eran verdes y suaves. Otras eran crujientes y anaranjadas.

—No estoy muy seguro. Las formas son iguales, pero los colores son diferentes. ¿Hay árboles con hojas de distinto color?

—¿No recuerdas que algunas hojas cambian de color cuando llega el otoño? —le dijo su mamá.

—¿Eso quiere decir que el otoño cambia el comportamiento de las hojas? —preguntó Joshua.

—Algo por el estilo —contestó riendo su mamá, mientras levantaba una de las hojas anaranjadas—. Los árboles necesitan mucho alimento para cuando llegue el invierno. Y obtienen su alimento de las hojas verdes. Es por eso que las hojas cambian de color.

La cara de Joshua se iluminó con una sonrisa triunfante. Había encontrado la respuesta. Eran hojas de arce. Mamá lo felicitó. Los dos corrieron y se recostaron a ver las hojas caer.

Vocabulario académico
comportamiento sustantivo que significa 'manera de actuar o reaccionar de algo o alguien'

Comprensión
Comprender el ambiente y el argumento
El ambiente es la cocina de Joshua. El argumento es lo que ocurre cuando Joshua identifica las hojas.

Acceso al texto

Comprender el ambiente y el argumento Los sucesos del cuento componen el argumento. Haz una tabla para anotar lo que ocurre al principio, en el medio y al final del cuento.

Vocabulario académico Vuelve a leer el cuento para buscar la palabra *identificarlas*. ¿Te ayudan las expresiones "qué tipos de hojas", "árbol" y "examinó" a descubrir el significado de la palabra?

Dos tortugas

Algo extraño ocurría tras la hierba marina. Cuando Florencia se asomó a mirar, vio una tortuguita de mar que salía de su huevo en ese preciso instante.

—¡Abuelo! —dijo, tratando de no gritar—. ¡Ven, no te pierdas esto!

El abuelo levantó la vista. Florencia había dejado el castillo de arena a medio construir. No la veía por ninguna parte, pero su voz había llegado desde la hierba marina.

El abuelo vio a Florencia arrodillada en la hierba y se acercó a ver qué ocurría.

—¡Qué fantástico! —exclamó, mientras se arrodillaba a su lado—. Mira, Florencia. ¡Ahí hay otra! ¡Son dos!

La primera tortuga ya caminaba atléticamente por la playa hacia el océano. Pero la segunda tenía un ==comportamiento== totalmente distinto. Estaba quieta, no se movía. Parecía estar atascada.

—Hay que ayudarla —dijo Florencia—. Necesita llegar al agua apenas sale del huevo. En el mar estará a salvo y podrá alimentarse.

Florencia había aprendido muchas cosas sobre las tortugas marinas durante un viaje de estudios. Sabía que ahora había menos tortugas que antes. Sin perder más tiempo, la empujó suavemente con un palito. ¡Y la tortuga comenzó a moverse!

—¡Mira, abuelo! ¡Funcionó! —gritó Florencia.

La segunda tortuga siguió los pasos de la primera, trazando una senda similar rumbo al océano.

—Muy buen trabajo, Florencia —dijo el abuelo—. Y ahora… ¿qué te parece si terminamos tu castillo de arena?

Comprensión

Describir y comprender a los personajes

Los personajes de este cuento son Florencia y su abuelo. Los autores usan detalles para describir a los personajes y sus acciones.

Acceso al texto

Describir y comprender a los personajes Los autores usan los diálogos y las acciones de los personajes para describirlos. Piensa en lo que dice y hace el abuelo. ¿Cómo crees que es el abuelo? ¿Cómo es su relación con Florencia?

Vocabulario académico Busca la palabra *similar* en el cuento. *Similar* deriva de *similis*, un adjetivo latino que significa 'parecido'. ¿Cómo te ayuda este dato a comprender la palabra *similar*?

¡Hora de mudarse!

Fonética

Las palabras con b, v *bandada, busca, cambio, invierno, saben, ve, vez, viajan, vivos, vuelan*

Vocabulario académico

diseño sustantivo que significa 'forma' o 'patrón'

¿Alguna vez te mudaste a otra ciudad? Hay animales que se mudan todos los años. Este <mark>comportamiento</mark>, llamado *migración*, los ayuda a sobrevivir. Los animales migran para alejarse del invierno. También migran en busca de alimento y refugio.

¿Cómo saben cuándo ha llegado la hora de partir? La señal más común es el cambio de clima.

Los gansos del Canadá migran hacia el sur cuando empieza el invierno. Viajan en busca de un aire más cálido. Se alejan del norte helado. Vuelan hacia el calor del sur. La bandada de gansos tiene un <mark>diseño</mark> particular. Es un diseño con la forma de la letra "V".

26

Algunos animales se mudan en busca de agua. En África no llueve durante varios meses. El ñu migra en busca de agua y alimento.

Otros animales migran para desovar, es decir, para poner sus huevos. Los sapos desovan en lugares especiales. Algunas tortugas marinas desovan cerca del agua. Dejan sus huevos solos en la playa y vuelven al océano.

Los salmones migran desde un arroyo hacia el océano. Unos años más tarde, regresan al mismo arroyo para desovar.

Los animales se mudan por distintas razones. ¡La migración es un comportamiento interesante!

Comprensión

Determinar las ideas clave

Las ideas clave de este texto son: algunos animales migran todos los años; los animales migran por distintas razones.

Acceso al texto

Determinar las ideas clave En el primer párrafo, busca detalles importantes que indiquen por qué se mudan los animales. Trabaja con un compañero para comentar de qué manera esos detalles los ayudaron a comprender qué es la migración.

Vocabulario académico Piensa en sinónimos de la palabra *comportamiento*. Tal vez te ayude saber que es un sustantivo derivado del verbo *comportarse*.

Nuestras tradiciones

Pregunta esencial

¿Qué son las tradiciones?

PEARSON
realize™
Puedes hallar todas las lecciones EN LÍNEA

miEnfoque LIBRO DE LECTURA

Leer e interactuar con el texto

Desarrollar la comprensión y la fonética. Enfocarse en el uso de las claves del contexto para leer las palabras del vocabulario académico y hacer conexiones.

El regalo del lagarto cornudo

Pregunta de la semana ¿Qué lecciones podemos aprender de los cuentos tradicionales?

Comprensión Determinar las ideas clave

Fonética Las palabras con *y*, *ll*

El libro de papá

Pregunta de la semana ¿Qué cuentos cuentan las personas para comprender el mundo?

Comprensión Comentar el propósito del autor

Fonética Los diptongos *ia*, *ie*, *io*, *iu*, *ua*, *ue*, *eu*, *au*

Un nuevo vistazo a una vieja historia

Pregunta de la semana ¿Cómo se puede contar un cuento tradicional de diferentes maneras?

Comprensión Comparar y contrastar cuentos

Fonética Los prefijos *co-*, *con-*, *com-*, *extra-*

Un Día de Acción de Gracias para las fresas

Pregunta de la semana ¿Qué forma parte de una tradición indígena?

Comprensión Comentar el propósito del autor

Fonética Los sufijos *-ado*, *-ada*, *-ido*, *-ida*

Los panqueques de cumpleaños

Pregunta de la semana ¿Cómo ayuda la comida a formar una tradición?

Comprensión Hacer inferencias

Fonética Los sufijos *-oso*, *-osa*, *-dor*, *-dora*

El regalo del lagarto cornudo

Los moqui viven en el desierto. Su cultura es muy antigua. Hubo un tiempo en el que había gigantes que los vigilaban. Los gigantes veían el desierto entero. Los moqui no podían salir. Si intentaban cazar, los gigantes les lanzaban rocas y lanzas. Si andaban por los caminos, los gigantes los perseguían.

Un día, un moqui llamado Lolomi vio un lagarto cornudo atrapado bajo una roca. Lolomi levantó la roca para liberar al lagarto.

—Yo te puedo ayudar a liberarte de los gigantes —dijo el lagarto.

El lagarto le dio a Lolomi púas como las de su cabeza. Funcionaban como un casco. Le dio una armadura gruesa como piel de lagarto. Lolomi no sabía para qué.

Entonces el lagarto le dijo cómo vencer a los gigantes.

Lolomi entendió el **propósito** de los regalos del lagarto.

Lolomi fue a buscar a los gigantes. El primer gigante intentó asustarlo. Le lanzó rocas desde muy alto. Las rocas rebotaban en el casco de Lolomi. Luego, el gigante le arrojó su lanza. La lanza rebotó contra la armadura de Lolomi. Los demás gigantes se asustaron. Huyeron todos, y no volvieron jamás.

Lolomi era un héroe. Ahora los moqui eran libres. Hoy en día, los moqui siguen contando la lección del lagarto cornudo: las plantas y los animales se defienden con su sabiduría.

Comprensión
Determinar las ideas clave La idea clave de este cuento es que el lagarto cornudo les enseñó a los moqui a protegerse de los gigantes.

Acceso al texto
Determinar las ideas clave El lagarto cornudo ayuda a Lolomi a vencer a los gigantes. Busca un detalle que diga por qué el lagarto quiso ayudar a Lolomi.

Vocabulario académico El *propósito* de una acción es aquello para lo que la llevas a cabo. ¿Para qué el lagarto le dio las púas y la piel gruesa a Lolomi?

El libro de papá

Fonética

**Los diptongos *ia,
ie, io, iu, ua, ue,
eu, au***

cuando, escribió,
nueva, volviera,
inmediato,
ciudades

**Vocabulario
académico**
comunicación
sustantivo que
significa 'acto de
decir algo o dar
información'

El papá de Elías era sargento del ejército. Tenía que ir a trabajar a otro país. Era el lugar más lejano al que jamás había ido. Cuando se despidieron, papá le dio a Elías un gran libro.

—Léelo esta noche —dijo papá.

Elías no tenía ganas de leer. Aun así, lo leyó. ¡Qué sorpresa! ¡La primera página era una carta de papá!

Papá escribió que se turnarían para escribirse. Luego, lo enviarían por correo el uno al otro.

El resto del libro estaba lleno de páginas en blanco.

Ahora Elías entendía el propósito del libro. ¡Papá había encontrado una nueva forma de comunicación! Era mejor que el correo electrónico y las cartas. Podían disfrutar juntos del libro cuando él volviera a casa.

Elías se puso a escribir de inmediato. Le dijo a su papá que lo extrañaba. Dos semanas después, el libro volvió con una carta sobre las ciudades donde había estado papá.

Escribieron mucho. A veces inventaban historias graciosas. También hacían dibujos. Pronto tuvieron que conseguir un libro más grande, y luego, ¡otro aún más grande!

Cuando papá volvió a casa, ¡trajo el libro más grande de todos!

—Aunque ya estemos juntos, tengo más cosas por contar —dijo papá con una gran sonrisa. Elías estuvo de acuerdo. Era algo que quería seguir haciendo.

Comprensión
Comentar el propósito del autor

El propósito del autor es explicar cómo se comunican Elías y su papá.

Acceso al texto

Comentar el propósito del autor Piensa en el propósito del autor, es decir, en lo que intentó decirte. ¿Qué detalles del cuento dicen para qué lo escribió el autor?

Vocabulario académico La palabra *propósito* significa 'aquello para lo que se hace algo'. ¿Cuál es el *propósito* del libro? Piensa por qué el papá quería que él y Elías escribieran todas sus cartas en un gran libro.

Un nuevo vistazo a una vieja historia

Fonética
Los prefijos *co-,*
con-, com-, extra-
coincide,
comparemos,
extrafinos

—Recién vi la película *Cenicienta* —dijo Gina—. ¡Me encantaron los zapatitos de cristal!

—¿Zapatitos de cristal? —preguntó Li—. En el cuento que leí yo, los zapatitos eran de oro.

—¡Qué raro! —exclamó Gina, sorprendida—. Yo creía que los cuentos eran siempre iguales.

—Tengo una idea —dijo Li—. Comparemos las dos versiones para ver si el resto coincide.

Gina contó su versión. Cenicienta tenía una madrastra y dos hermanastras. La obligaban a trabajar en la cocina. No la dejaban ir a la fiesta del rey. Cenicienta se puso triste, pero no por eso dejó de ser amable. Al rato, llegó el hada madrina para ayudarla. Le dio un vestido precioso. Y zapatitos extrafinos de cristal.

La versión de Li era parecida. Cenicienta también trabajaba en la cocina para su madrastra y hermanastras. Y tampoco la dejaban ir a la fiesta del rey. Nunca dejó de ser buena y amable. Fue un pajarito quien le dio unos zapatitos de oro. Y un vestido de oro también. Así Cenicienta pudo ir a la fiesta.

—Hay varias cosas diferentes —comentó Gina.

—Sí, pero los dos tienen final feliz —replicó Li.

Gina comentó que el propósito del cuento era demostrar que la amabilidad es importante. Cenicienta fue siempre amable y por eso recibió ayuda cuando la necesitaba. Gina creía que sí es importante tratar bien a los demás. Li estaba de acuerdo con su creencia.

Comprensión

Comparar y contrastar cuentos

Gina y Li cuentan sus versiones de Cenicienta para ver en qué se parecen y en qué se diferencian.

Vocabulario académico

propósito
sustantivo que significa 'motivo' o 'finalidad'

Acceso al texto

Visualizar los detalles Piensa en los detalles de las dos versiones. ¿Cómo te imaginas esas cosas? ¿Qué imagen se forma en tu mente cuando lees los detalles?

Vocabulario académico El verbo *creer* significa 'ver algo como verdadero'. ¿Qué significa el sustantivo *creencia*? Trabaja con un compañero para escribir una oración que contenga las dos palabras.

Un Día de Acción de Gracias para *las fresas*

¿Te gusta comer bayas? ¿Cuál es tu manera favorita de comerlas? A las culturas indígenas de América del Norte también les gustaban las bayas. No solo las comían, sino que también las usaban de muchas otras maneras.

El tono colorado de las bayas puede mantenerse durante mucho tiempo. Algunos grupos de indígenas de América del Norte les ponían el color de las fresas a tejidos y pieles de animales.

Las plantas de fresas también pueden curar. Los indígenas de América del Norte hacían té con las hojas. Ese té se usaba como bebida medicinal. Aliviaba a las personas que tenían dolor de estómago. Las hojas de fresa también se pueden machacar. Algunos machacaban las hojas y las mezclaban con grasa de venado para hacer una pasta. Esa pasta era buena para quemaduras y dolores.

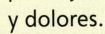

¡Las bayas machacadas hasta podían usarse para lavarse los dientes!

A algunas personas les gusta el olor de las plantas. Los indígenas de América del Norte se ponían hojas de fresa en la ropa para oler a fresa.

Claro que a los indígenas de América del Norte también les gustaba comer las fresas. Las comían frescas. Hacían jalea o las desecaban. Eso les permitía disfrutar de uno de sus sabores preferidos durante todo el año.

Algunos grupos de indígenas de América del Norte celebraban un Día de Acción de Gracias por las fresas en junio. Bailaban y cantaban. ¡También comían muchas fresas! Querían demostrar cuánto apreciaban esa fruta especial.

Comprensión

Comentar el propósito del autor El propósito del autor es informar a los lectores sobre los modos en que los indígenas de América del Norte usaban las bayas.

Fonética

Los sufijos -ado, -ada, -ido, -ida
bebida, machacadas, colorado, preferidos.

Acceso al texto

Comentar el propósito del autor ¿Por qué crees que el autor escribió este texto? Haz una lista de los hechos que se mencionan en él. Luego, comenta con un compañero para qué creen que los incluyó el autor.

Vocabulario académico La palabra *mantener* significa 'hacer que algo siga o continúe'. Por ejemplo, puedes mantener tus dientes sanos cepillándolos todos los días. ¿Qué otras cosas mantienes?

Los panqueques de cumpleaños

—¡Qué sorpresa va a llevarse mamá! —dijo Sadie orgullosa. Miró el hermoso pastel de cumpleaños. Ella y su hermano Sam se habían puesto el despertador temprano para prepararlo con su tío Curt.

—Pongámoslo sobre la mesa —dijo Sam—. Así, será lo primero que vea mamá cuando se levante.

Sadie y Sam lo levantaron con cuidado. Pero esa fue la última vez que vieron al pastel entero. Su primo Wes entró corriendo y chocó contra Sam. El pastel aterrizó en el suelo.

—¡Ay, no! —se lamentó Sadie—. ¿Qué vamos a hacer?

Feliz cumpleaños

—Algo se nos va a ocurrir —dijo Sam. Sam tenía la fuerte creencia de que las cosas siempre terminan arreglándose.

Sadie recordó que aún quedaban algunos panqueques del desayuno.

—No tenemos pastel de cumpleaños para mamá. Pero en vez de pastel, ¡podemos darle panqueques de cumpleaños! —dijo.

Sam sirvió los panqueques en un plato. Wes los cubrió de jalea. Sadie agregó rodajas de fruta encima. El tío Curt puso velas de colores.

Justo en ese momento, oyeron a mamá. Vio los panqueques de cumpleaños y rió.

—¡Creo que tengo una nueva tradición de cumpleaños que mantener! —dijo.

**Comprensión
Hacer inferencias**
Lee este párrafo sobre Sam. ¿Tendrá su mamá un pastel?

Vocabulario académico
mantener verbo que significa 'hacer que algo continúe'

Acceso al texto

Hacer inferencias Vuelve a leer el último párrafo. ¿Qué inferencia puedes hacer sobre qué piensa la mamá de los panqueques de cumpleaños? ¿Qué detalles del cuento te ayudan a inferirlo?

Vocabulario académico En el quinto párrafo, Sam tiene una "fuerte creencia". La palabra *creer* se parece a la palabra *creencia*. ¿Qué tiene que ver la palabra *creencia* con lo que está pensando Sam?

Marcar la diferencia

Pregunta esencial

¿Por qué es importante relacionarse con otras personas?

PEARSON
realize™
Puedes hallar todas las lecciones EN LÍNEA

miEnfoque LIBRO DE LECTURA

Leer e interactuar con el texto

Desarrollar la comprensión y la fonética. Enfocarse en el uso de las claves del contexto para leer las palabras del vocabulario académico y hacer conexiones.

Aprender malabarismo

Pregunta de la semana ¿Cómo nos inspiran otras personas a alcanzar una meta?

Comprensión Identificar la estructura del texto

Fonética Los diptongos *ai* (*ay*), *ei* (*ey*), *ui* (*uy*)

La voz de Caden

Pregunta de la semana ¿Cómo pueden tener nuestras creaciones un efecto en los demás?

Comprensión Hacer conexiones

Fonética Los hiatos *ae, oa, ea, ee, eo, oa, oe, oo*

¿En qué podemos ayudar?

Pregunta de la semana ¿Qué pueden hacer las personas para marcar la diferencia en su comunidad?

Comprensión Determinar el tema

Fonética Los prefijos *i-, in-, im-, des-, re-*

El anillo perdido

Pregunta de la semana ¿Cómo nos podemos relacionar con otras personas?

Comprensión Indentificar la estructura del texto

Fonética Los sufijos *–able, -ible*

Después de la tormenta

Pregunta de la semana ¿Cómo puedes participar para mejorar tu comunidad?

Comprensión Comprender el texto persuasivo

Fonética Los sufijos *-ito, -ita, -illo, -illa, -ico, -ica*

APRENDER MALABARISMO

Trevor estaba muy sorprendido de que su abuelo le hubiera enviado una caja. Nunca recibía regalos a menos que fuera su cumpleaños.

—Ábrela —le dijo su papá.

Trevor arrancó el papel. Una nota cayó al suelo. La levantó y la leyó.

"Querido Trevor, me pareció que podrías divertirte con ellas".

Trevor abrió la caja y encontró tres pelotas. Eran del mismo peso y tamaño.

—¿Para qué sirven? —preguntó Trevor.

—Para hacer malabarismo.

Trevor lo intentó, pero las pelotas se le escapaban. Las lanzaba al aire una y otra vez, pero no podía atraparlas. Pensaba que no iba a mejorar nunca.

Guardó las pelotas y se olvidó de ellas.

La semana siguiente, el maestro de Trevor dijo a la clase que iban a organizar un espectáculo de talentos. Iba a haber premios para los mejores actos. Trevor quería ganar un premio, ¿pero cómo? Entonces recordó las pelotas que le había regalado el abuelo. Pero no sabía hacer malabarismo. ¿Cómo podía mejorar? Solo faltaba un mes para el espectáculo.

Trevor consiguió un libro sobre malabarismo y practicó todas las tardes. Trabajó en usar cada mano por igual. ¡Y mejoró! Poco después, hacía malabarismo.

Trevor invitó a su abuelo al espectáculo. Todo lo que había practicado dio frutos. ¡Ganó el primer premio! Se sentía el rey de los malabares. Pero el mejor premio de todos fue ver a su abuelo en primera fila, sonriendo de oreja a oreja.

Comprensión

Identificar la estructura del texto

Los sucesos del cuento se narran en el orden en que ocurrieron.

Acceso al texto

Identificar la estructura del texto Piensa en el orden que usó el autor para contar lo que pasó. ¿Qué pasaría si los sucesos del final estuvieran al principio? ¿Cómo cambiaría el cuento?

Vocabulario académico La palabra *igual* significa 'de la misma manera'. ¿Qué cosas son iguales en el cuento? ¿En qué son iguales? Enumera otras cosas que conozcas que son iguales.

La voz de Caden

Caden estaba muy triste. Había pasado por una cirugía difícil. Iba a estar muchas semanas en el hospital. Tenía un tubo en la garganta. No podía hablar. ¿Cómo podría hablar con su mamá y su papá? ¿Cómo podría comunicarse con su amigo Joaquín o con su vecino?

¿Me das un vaso de agua, por favor?

Un día, una enfermera encontró una herramienta especial para él. —Creo que esto puede interesarte —le dijo. Caden estaba intrigado. Era un regalo relacionado con la comunicación. Cuando la vio, abrió mucho los ojos. La herramienta parecía un tablero de computadora conectado a una pantalla. Caden escribió una oración. Vio las palabras en la pantalla. Apretó un botón. ¡Y la computadora dijo lo que había escrito! Hasta podía elegir la voz que usaba la computadora. El humor de Caden mejoró. "¡Ahora puedo decir lo que sea!", escribió, y oyó cómo la computadora lo

¡Qué alegría me da verte!

Vocabulario académico
mejoró verbo que significa 'ponerse mejor'

decía en voz alta. Estaba muy animado. Se puso a conversar con sus padres sobre todo lo que quería hacer cuando saliera del hospital.

La computadora usaba un programa nuevo que convierte el texto en habla. Esa tecnología ayuda a las personas que tienen dificultades para hablar. También puede leer en alta el texto de un sitio web. Incluso un libro de cuentos o de poesía en la computadora. Esos programas ayudan a muchas personas. Les dan la posibilidad de hablar. ¡Es algo para gritar a los cuatro vientos!

Fonética

Los hiatos *ae*, *ao*, *ea*, *ee*, *eo*, *oa*, *oe*, *oo*

sea, *ahora*, *Joaquín*, *leer*, *creo*, *poesía*

Hacer conexiones

La computadora ayuda a Caden a hablar con sus parientes y amigos. ¿Cómo puede ayudar también a otras personas que no pueden hablar?

Acceso al texto

Hacer conexiones Haz una tabla y escribe "Antes" y "Después" arriba de todo. Escribe cómo se sentían los parientes y amigos de Caden antes de que él recibiera la computadora y cómo se sintieron después.

Vocabulario académico Si dos cosas están relacionadas, es que hay una conexión entre ellas. En el tercer párrafo, *relacionado* describe que había una conexión entre esa herramienta y la comunicación. Haz una lista de cosas que conozcas que estén relacionadas entre sí.

¿Has visto últimamente qué hay en tu baúl de juguetes? ¿Y en tu ropero? ¿Tienes ropa que te quede chica? ¿Juguetes con los que ya no juegues? No guardes cosas que no usas. Dáselas a alguien que las necesite.

Fonética
Los prefijos *i-*, *in-*, *im-*, *des-*, *re-*
innecesarias, reciclar

Ayer limpié mi ropero. Me probé un suéter rojo pero me quedaba chico. ¿Se encogió? No, yo crecí. Después, revisé mis juguetes. Había tres juegos y un número igual de animales de peluche con los que ya nunca juego. También encontré un tren que ya no sirve.

Poco después, tenía una pila de ropa y juguetes. Mi mamá y yo comentamos qué hacer con todo eso. Ella me ayudó a poner todo en bolsas. Las llevamos a un lugar que junta ropa y juguetes usados. Dejamos las bolsas ahí.

Regalar ropa y juguetes que ya no usas es una gran idea. Es una manera de ayudar a los demás. Así se reciclan cosas valiosas. Y te deshaces de cosas innecesarias. ¡Todos deberían hacer limpieza, regalar y reciclar!

Acceso al texto

Comprender nuevos conceptos La niña y su mamá pensaron en las cosas que la niña ya no usa. ¿Se te ocurren cosas que tú ya no uses o necesites? ¿De qué manera el texto hace que pienses en tus cosas de un modo distinto?

Vocabulario académico *Igual* significa 'lo mismo en cantidad o tamaño'. Busca partes de la historia que te digan cuántos animales de peluche hay.

El anillo perdido

—Jenny, ¿has visto mi anillo? —preguntó María.

Jenny lo había visto. Había intentado ponérselo. Le quedaba un poco grande, así que se lo quitó. Pero ¿dónde lo había dejado? Jenny se preocupó. ¡No podía recordarlo!

Jenny era **responsable** de que se hubiera perdido el anillo. Buscó bajo las mesas. Miró en los cajones de la ropa. Se fijó detrás del sofá. Al final, se dio por vencida. Salió y se sentó en la escalera a pensar.

Jenny vio a su vecina, la señora Kim. La señora Kim le preguntó a Jenny qué le pasaba. Jenny le contó del anillo.

—A veces yo también tengo que buscar cosas, es comprensible —dijo la señora Kim—. Primero, pienso en todo lo que hice. Luego, vuelvo sobre mis pasos.

Jenny pensó en su día. Primero, había hecho la tarea. Luego, comió algo en la cocina. ¿Qué pasó después? De pronto, ¡se acordó!

Jenny subió las escaleras corriendo. ¡Y encontró el anillo! Estaba en el alféizar de la ventana de la cocina. Se lo había quitado para regar las plantas de mamá. Jenny corrió a la habitación de María. Le devolvió el anillo a su hermana.

Jenny aprendió la lección. Nunca volvería a tomar algo que no fuera suyo. También aprendió a ==comentar== sus problemas con alguien. ¡Es bueno recibir un consejo cuando hay un problema que resolver!

Comprensión

Identificar la estructura del texto

En este párrafo, Jenny está recordando lo que hizo antes de perder el anillo.

Acceso al texto

Identificar la estructura del texto El cuento no está contado en el orden en que sucedieron las cosas. ¿Por qué crees que hace eso el autor? ¿De qué manera esa estructura hace más interesante el cuento?

Vocabulario académico En este cuento, Jenny comenta su problema con su vecina, la señora Kim. Busca otras palabras y frases que te ayuden a entender la palabra *comentar*.

Después de la tormenta

Lacey estaba de pie en la entrada del Parque Sunset. Tenía ganas de llorar. La tormenta había derribado dos árboles y había ramas por todas partes. Era imposible caminar sin tropezar.

Su hermano, Jared, miró el desastre.

—Mejor nos vamos a casa —dijo—. Llevará tiempo despejar todo.

—La tormenta es responsable de esto —dijo Lacey—. Pero nosotros podemos ser responsables de despejarlo.

—¡Llevará todo el día! —dijo Jared.

—Si trabajamos juntos, terminaremos pronto —dijo Lacey—. En el peor de los casos, por lo menos mejorará un poquito.

Empezaron a levantar ramitas y a apilarlas cerca de la entrada. En ese momento, pasaron por ahí sus amigos Marco y Elsa.

Vocabulario académico
responsable
adjetivo que significa 'que es la causa o el motivo de algo'

Comprensión
Comprender el texto persuasivo
Lacey le dice a Jared que, si trabajan juntos, la limpieza se hará rápido. Eso ayuda a que Jared cambie de idea.

—¿Qué pasa? —preguntó Marco.

—La tormenta derribó las ramas —dijo Lacey—. Estamos limpiando.

Marco y Elsa bajaron de sus bicicletas. Querían ayudar.

Algunos vecinos vieron a los niños trabajando. Ellos también se pusieron a limpiar. La señora Cleary trajo bebidas frescas para todos.

Los niños movieron las ramas y los adultos movieron los árboles caídos. Poco después, el parque estaba todo despejado. ¡Quedó casi como nuevo!

Hasta sobró tiempo para jugar antes de la cena. Lacey y Jared corrieron felices a los columpios.

Acceso al texto

Comprender el texto persuasivo *persuadir* significa 'conseguir que alguien comparta tu punto de vista'. ¿De qué manera las acciones de Lacey y Jared persuadieron a sus amigos y vecinos para que los ayudaran?

Vocabulario académico Lacey piensa que puede *mejorar* el parque. Busca detalles del cuento que te indiquen cómo mejorará Lacey el parque.

La maravillosa Tierra

Pregunta esencial

¿Cómo cambia la Tierra?

PEARSON
realize™
Puedes hallar todas las lecciones EN LÍNEA

miEnfoque LIBRO DE LECTURA

Leer e interactuar con el texto

Desarrollar la comprensión y la fonética. Enfocarse en el uso de las claves del contexto para leer las palabras del vocabulario académico y hacer conexiones.

Bajo la superficie

Pregunta de la semana ¿Cuáles son algunas de las características físicas de la Tierra que cambian?

Comprensión Describir conexiones

Fonética Los sufijos *-mente, -dad*

¡Demasiada agua!

Pregunta de la semana ¿Cómo cambian a la Tierra los fenómenos o sucesos naturales?

Comprensión Comprender nuevos conceptos

Fonética Los triptongos y los diptongos

Nuestro clima, nuestra Tierra

Pregunta de la semana ¿Cómo cambia a la Tierra el estado del tiempo?

Comprensión Hacer y confirmar predicciones

Fonética Las palabras agudas

La potencia de un volcán

Pregunta de la semana ¿Cómo se manifiestan los cambios de la Tierra?

Comprensión Explicar patrones y estructuras

Fonética Las palabras graves

¿Qué hay dentro de una roca?

Pregunta de la semana ¿Qué pueden revelar las rocas sobre los cambios de la Tierra?

Comprensión Hacer inferencias

Fonética Las palabras esdrújulas

Bajo la superficie

La Tierra está formada por capas. Estas están una sobre la otra. Pasan muchas cosas en la superficie de la Tierra. Pero, debajo de la superficie, ¡pasan más cosas todavía! Lo que pasa debajo puede cambiar el medioambiente o destruirlo completamente.

La capa superior de la Tierra se llama *corteza*. Nosotros vivimos en ella. La corteza es la capa más delgada. Está en el fondo del mar. Tiene apenas 3 millas (5 km) de grosor. La parte más gruesa de la corteza tiene unas 25 millas (40 km) de grosor.

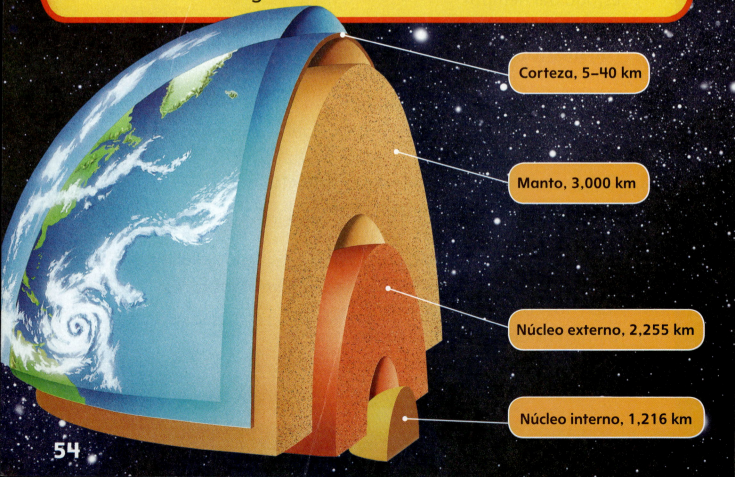

Corteza, 5–40 km

Manto, 3,000 km

Núcleo externo, 2,255 km

Núcleo interno, 1,216 km

La capa que está debajo de la corteza se llama *manto*. Es la capa más gruesa. El manto tiene casi 1,864 millas (3,000 km). ¡Está tan caliente que las rocas pueden derretirse! A veces, la roca derretida fluye a la corteza de la Tierra. La roca derretida se llama *lava*. Los volcanes están hechos de corrientes de lava.

El núcleo de la Tierra está bajo el manto. El núcleo tiene dos partes. La parte externa es líquida. La parte interna es sólida. Los científicos creen que el calor del núcleo provoca terremotos. Ese calor puede quebrar la Tierra. También creen que la parte interna del núcleo gira. Eso genera un escudo que nos protege del Sol. Los científicos tienen mucha curiosidad por aprender sobre todas esas partes de la Tierra.

Fonética

Los sufijos *-mente, -dad*

completamente, curiosidad

Comprensión

Describir conexiones

Los detalles de este párrafo se relacionan con la oración "Pero, debajo de la superficie, ¡pasan más cosas todavía!" del primer párrafo.

Acceso al texto

Describir conexiones Algunas de las capas de la Tierra se calientan mucho. ¿Qué detalles del texto te dicen cómo afecta a la Tierra ese calor?

Vocabulario académico En el primer párrafo, la palabra *destruirlo* significa 'dañarlo tanto que no se puede arreglar' o 'arruinarlo'. ¿Qué otras palabras pueden significar lo mismo que *destruir*?

¡Demasiada agua!

Vocabulario académico

recurso sustantivo que significa 'algo que se puede usar'

Comprensión
Comprender nuevos conceptos
Este párrafo ayuda al lector a entender por qué demasiada lluvia puede ser un problema.

Fonética
Los triptongos y los diptongos
buey, suficiente

El granjero estaba sentado en su tractor. La lluvia golpeteaba contra la ventanilla. Los pájaros estaban en sus nidos. El buey se refugiaba en su establo. El granjero estaba molesto con la lluvia. El campo estaba lleno de hondos charcos. Y más lluvia venía en camino. El granjero tenía motivos para estar molesto.

El agua es un recurso importante. Si no hay suficiente agua, las semillas no crecen. Las plantas no obtienen lo que necesitan de la tierra. Las hojas dejan de fabricar alimento. Pero demasiada agua también puede ser un problema grave. La lluvia muy abundante puede arrastrar el suelo. También puede matar a las plantas.

El granjero tenía la cabeza baja de tristeza. La lluvia no paraba. El suelo no podía absorber más agua. No llegaba aire a las raíces de las plantas. No iba a ser seguro comer las frutas y verduras que dieran.

La **reacción** del granjero a la inundación no era de extrañar. Las plantas necesitan **equilibrio**. Eso significa suficiente lluvia para ayudar a las plantas, no tanta que las dañe. Entonces, ¿qué hacemos cuando llueve demasiado?

Hay maneras de lavar algunas plantas para quitarles los gérmenes. También hay maneras de mejorar los campos mojados. De todos modos, el agua en exceso es un problema para los granjeros. Pero eso no significa que se pierdan plantas.

Vocabulario académico

reacción sustantivo que significa 'modo en que alguien responde a algo que pasa'

Acceso al texto

Comprender nuevos conceptos Aprendiste por qué las plantas necesitan lluvia y cómo las daña el exceso de lluvia. ¿Qué crees que podría pasarles a las plantas si no hubiera nada de lluvia?

Vocabulario académico En el texto leyeron sobre el exceso de lluvia. ¿Cómo ayuda eso a explicar por qué sería bueno el *equilibrio*? Busca detalles en el texto.

NUESTRO CLIMA, NUESTRA TIERRA

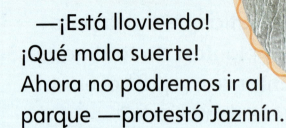

Fonética

Las palabras agudas

cambiar, Jazmín, lugar, mamá

Comprensión

Hacer y confirmar predicciones

Haz una predicción sobre los cambios de la Tierra que mencionará la mamá de Jazmín.

—¡Está lloviendo! ¡Qué mala suerte! Ahora no podremos ir al parque —protestó Jazmín.

—Los agricultores necesitan que llueva. Así crecen sus cultivos —dijo su mamá—. El agua es uno de nuestros recursos más importantes.

—Sí, pero nos obliga a cambiar de planes —dijo Jazmín.

—El clima no cambia solo nuestros planes —dijo su mamá sonriendo—. El clima puede cambiar el planeta.

—¿Cambiar el planeta? —repitió Jazmín—¿De qué manera?

—La Tierra cambia todo el tiempo. El clima forma parte de esos cambios —explicó la mamá—. Nosotros vemos el cambio de estaciones. El verano da lugar al otoño. Pero esos cambios son pequeños.

—¿Y cuáles son los cambios grandes? —preguntó Jazmín.

La mamá le explicó que los desiertos antes eran bosques. Pero cuando el clima cambió, también cambió esa parte de la Tierra. Como las plantas no pueden vivir sin lluvia, los bosques desaparecieron.

—Nunca imaginé que el clima pudiera influir tanto en el medioambiente —dijo Jazmín.

—Y esos no son los únicos cambios —agregó la mamá—. La lluvia también puede desgastar el suelo y las rocas. ¿Recuerdas las fotos del Gran Cañón? ¡Esos son los cambios que puede producir la lluvia!

Jazmín entendió entonces que no siempre puede llover. Y tampoco puede haber sol todo el tiempo. Es necesario el ==equilibrio== para cuidar la Tierra. Aun así, la mamá lamentó que hayan cambiado los planes de Jazmín.

Vocabulario académico
equilibrio
sustantivo que significa 'tener estabilidad'

Acceso al texto

Hacer y confirmar predicciones ¿Fue correcta la predicción que hiciste al principio? Las predicciones se basan en lo que lees ahora y en lo que ya sabías. ¿Qué información te ayudó a predecir en este caso?

Vocabulario académico Busca las palabras *recursos* y *equilibrio*. Trabaja con un compañero para tomar nota de las palabras y frases que te ayudaron a comprenderlas.

LA POTENCIA DE UN VOLCÁN

Fonética
Las palabras graves
calientes, cráter, grietas, magma

Los volcanes pueden explotar con una fuerza colosal. Esas explosiones son muy estruendosas. Arrojan materiales muy calientes. ¿Por qué explotan los volcanes? ¿Qué cambios producen en la Tierra?

El magma es roca derretida. A veces, encuentra grietas u orificios de salida hacia el exterior de la Tierra. Se cuela por las grietas y crea el volcán. Cuando sale por primera vez, la explosión abre un agujero que se llama *cráter*.

El magma que sale al exterior se llama *lava*. La lava puede colarse a través de una grieta. También puede salir disparada hacia arriba como una fuente gigantesca. A veces salen rocas y gases calientes. ¡La lava es tan ardiente y poderosa que puede derretir montañas enteras!

Los volcanes ayudan al medioambiente, pero también lo dañan. Pueden arrancar los árboles de raíz. También quemar todo lo que encuentran a su paso. Un volcán que explota en el océano produce olas gigantescas. Esas olas destruyen todo lo que está cerca del agua.

Pero los volcanes también pueden crear territorios. Muchas islas del mundo fueron creadas por volcanes. A menudo se forman montañas muy altas cuando la lava se enfría.

No siempre sabemos cuándo van a explotar los volcanes. Pero los científicos tratan de aprender todo lo posible sobre ellos. Cuanto más sepamos sobre los volcanes, más vidas podremos salvar.

Acceso al texto
Explicar patrones y estructuras El autor usa una estructura de causa y efecto. Lee de nuevo el cuarto párrafo. ¿Qué efectos producen los volcanes en el medioambiente? Haz una lista de esos efectos.

Vocabulario académico Las palabras *rompen*, *arruinan*, *aniquilan* pueden remplazar a *destruyen*. ¿Cómo te ayudan a comprender su significado?

¿Qué hay dentro de una roca?

Mamá entró a la habitación de Patrick. Pisó una pila de rocas.

—Tienes una gran colección, Patrick —dijo—. Pero ¿qué tal si te quedas solo con tus favoritas?

Patrick miró la pila.

—¿Cómo decido con qué rocas quedarme? —preguntó.

Más tarde, Patrick y su mamá estaban en el jardín. Su vecina, la doctora Simpson, pasó a saludarlos. La doctora Simpson es científica y trabaja en el centro natural.

—¿Qué hacen? —le preguntó a Patrick.

—Mi mamá planta flores y yo estoy cavando en busca de rocas —respondió Patrick.

—La colección de rocas de Patrick crece más y más —comentó mamá—. Muéstrale a la doctora Simpson tu colección.

Cuando la doctora Simpson vio la colección de Patrick, su reacción fue de verdadera sorpresa.

—¡Es una colección fantástica, Patrick!

—dijo—. ¿Te gustaría saber sobre los minerales que tienen estas rocas? Las rocas están hechas de minerales. Los minerales también son recursos importantes.

—Me encantaría saber más sobre las rocas

—dijo Patrick.

La doctora Simpson le dio a Patrick un pedazo de papel que decía calle W. Castle 419.

—Es la dirección del centro natural. Puedes aprender sobre lo que tienes leyendo nuestros libros. Saber más te hará más fácil decidir con qué quedarte.

—No sabía que había tanto que aprender sobre las rocas —dijo Patrick—. ¡La veré en el centro natural!

Vocabulario académico
reacción
sustantivo que significa 'modo en que una persona responde a algo que pasó'

Fonética
Las palabras esdrújulas
científica, fantástica

Acceso al texto

Hacer inferencias Revisa la inferencia que hiciste cuando empezaste a leer. Escribe cómo ayudó a Patrick la doctora Simpson. ¿Fue correcta tu inferencia? ¿Qué partes del texto usaste para inferir? ¿Qué información usaste para inferir?

Vocabulario académico En el texto, *recursos* son cosas que se pueden usar. Vuelve a leer lo que dice la doctora Simpson sobre los minerales. ¿Por qué dice que los minerales son *recursos*?

Agradecimientos

Fotografías

Photo locators denoted as follows Top (T), Center (C), Bottom (B), Left (L), Right (R), Background (Bkgd)

4 Gagliardi Images/Shutterstock; 6 Kim Karpeles/Alamy Stock Photo; 8 Westend61/Getty Images; 10 iofoto/Fotolia; 11 (C) Eric Isselée/Fotolia, (R) Thinkstock/Getty Images; 12 NPS Photo/Alamy Stock Photo; 13 Victor Maschek/Shutterstock; 14 BCFC/Shutterstock; 15 (B) Randy Duchaine/Alamy Stock Photo, (T) Lynn Y/Shutterstock; 16 Milosz_G/Shutterstock, 18 Tortoon/Shutterstock; 19 Fotolinchen/Getty Images; 20 Oscar Dominguez/Alamy Stock Photo; 21 Jennifer Bosvert/Shutterstock; 22 Pukach/Shutterstock; 23 Bgphoto/Getty Images; 24 (Bkgrd) Paul Souders/Getty Images, (T) Jason Edwards/National Geographic/Getty Images; 26 Victor Korchenko/Alamy Stock Photo; 27 (CR) 123RF, (TCR) Italiansight/Getty Images, (TR) EcoPrint/Shutterstock; 28 Inge Johnsson/Alamy Stock Photo; 30 (Bkgrd) Natalia Pavlova/Fotolia, (BR) Derrick Neill/Fotolia; 32 (Bkgrd) javarman/Fotolia, (BL) gaelj/Fotolia, (C) Luminis/Fotolia; 33 (BR) Victor B/Fotolia, (TR) Stockbyte/Thinkstock/Getty Images; 34 (Bkgrd) Tomertu/Shutterstock, (B) Mega Pixel/Shutterstock; 35 (Bkgrd) Evdokimov Maxim/Shutterstock, (B) GeniusKp/Shutterstock; 36 (Bkgrd) Alina G/Shutterstock, (BR) Monkey Business/Fotolia; 37 (TCR) Fotolia, (TR) Ivan Josifovic/Fotolia; 38 Elenathewise/Fotolia; 39 Pearson Education; 40 rawpixel.com/Shutterstock; 42 (Bkgrd) S_maria/Shutterstock, (BR) Fotolia, (TL) Svetlana Gryankina/Fotolia, (TR) Ajt/Shutterstock; 43 hfng/Fotolia; 44 (Bkgrd) Fotolia, (T) Anyaberkut/123RF; 45 JupiterImages/Thinkstock/Getty Images; 46 Rob/Fotolia; 47 (BR) Brenda Carson/Shutterstock, (C) BananaStock/Thinkstock/Getty Images; 48 (B) Shane Trotter/Shutterstock, (CR) Jupiterimages/Thinkstock/Getty Images, (T) Elnur/Fotolia; 49 uwimages/Fotolia; 50 (Bkgrd) Melinda Fawver/Shutterstock, (C) photka/Fotolia, (T) picsfive/Fotolia, 51 Stockbyte/Thinkstock/Getty Images; 52 Willyam Bradberry/Shutterstock; 54 (Bkgrd) Fotolia, (B) Dorling Kindersley; 55 Fotolia; 56 (Bkgrd) Paul Orr/Shutterstock, (BL) Harvey Hudson/Fotolia, (BR) Matauw/Fotolia, (TL) dusk/Fotolia, (TR) Sinisa Botas/Fotolia; 58 (BL) Cappi thompso/ Shutterstock, (TR) A3pfamily/Shutterstock; 59 (CR) Keneva Photography/Shutterstock, (TR) Anton Foltin/Shutterstock; 60 Wead/Shutterstock; 61 (BR) Kyodo/Newscom, (CR) Martin Rietze/Getty Images; 62 (B) PhotoObjects.net/Thinkstock/Getty Images, (BC) Hemera Technologies/Thinkstock/Getty Images, (BL) PhotoObjects.net/Thinkstock/Getty Images, (CL) Comstock/Thinkstock/Getty Images, (T) Uroš Medved/Fotolia; 63 (BR) Hemera Technologies/Thinkstock/Getty Images, (C) Uroš Medved/Fotolia, (CR) Witold Krasowski/Fotolia, (T) Uroš Medved/Fotolia, (TR) Volodymyr Khodaryev/Fotolia.